PRIX : **75** centimes

J.-M. ABGRALL

Correspondant de la Commission des Monuments historiques

EN VÉLO —— AUTOUR DE QUIMPER

QUIMPER. — Vue générale

A. LEPRINCE, Éditeur
54, PLACE SAINT-CORENTIN, 54
QUIMPER

EN-VÉLO ——o

AUTOUR

DE QUIMPER

J.-M. ABGRALL ⚓

Correspondant de la Commission des Monuments historiques

En Vélo autour de Quimper

A. LEPRINCE, Éditeur

54, Place Saint-Corentin, 54

QUIMPER

En Vélo autour de  Quimper

Cher lecteur, voyageur ou touriste, ami des belles choses de la nature et de l'art, je voudrais vous faire voir notre beau Quimper, je voudrais parcourir avec vous ses environs, vous faire admirer nos sites et nos paysages bretons, mais surtout nos vieux monuments si pittoresques : *Manoirs, Églises, Chapelles, Calvaires.* Si vous n'êtes pas trop pressé, nous pourrons faire quelques excursions ; elles nous feront pénétrer dans le cœur, dans l'intime du pays, et cela a plus de charme que les courses trop rapides, qui ne permettent que d'entrevoir et ne laissent que des impressions de surface et sans durée.

J.-M. A.

PREMIÈRE EXCURSION : *Quimper.*

DEUXIÈME EXCURSION : *Loc-Maria — Champ de Manœuvres — Manoir de Kergoat-al-Lez — Manoir de La Forêt — Manoir du Parc — Kerfeunteun — La Mère-de-Dieu.*

TROISIÈME EXCURSION : *Manoir de Coat-Billy — Chapelle de Quilinen — Chapelle de Saint-Vennec.*

QUATRIÈME EXCURSION : *Plogonnec — Saint-Théleau — Locronan — Kerlaz — Le Ris — Le Juc'h — Guengat.*

CINQUIÈME EXCURSION : *Le Drennec — Bénodet — Chapelle de Perguet — Fouesnant — Beg-Meil — La Forêt-Fouesnant.*

SIXIÈME EXCURSION : *Chapelle de Kerdévot — Pointe de Griffonnès — Les Justices.*

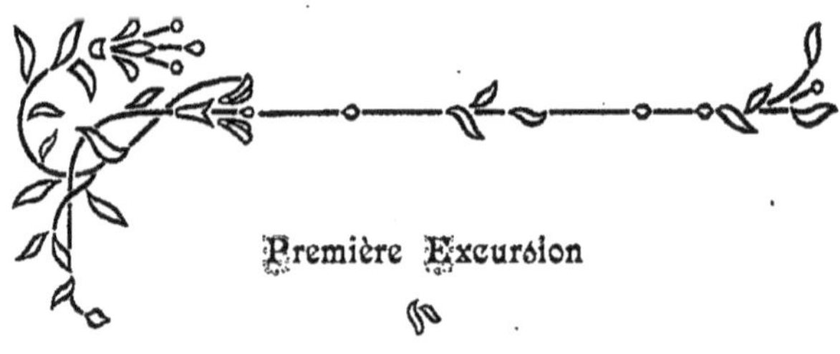

QUIMPER

De même que Rome, c'est la Ville aux sept collines.

Comptez bien : 1° LE MONT FRUGY — 2° L'HOSPICE OU CREC'H-EUZEN — 3° L'ECOLE NORMALE DES FILLES AU-DESSUS DE STANG-AR-C'HOAT — 4° LA TOURBIE, LE PICHÉRY ET LE LIKÈS — 5° KERNISY — 6° LE SACRÉ-COEUR ET L'ECOLE NORMALE DES INSTITUTEURS — 7° LES HAUTEURS BOISÉES DU SÉMINAIRE ET DE PENHARS.

Ce n'est pas que je veuille comparer notre petite cité à la Ville Éternelle ; mais avouez qu'elle est admirablement encadrée. Voyez-la comme protégée et défendue par le grave *Mont-Frugy*, qui la domine et semble veiller sur elle.

Et ici je ne puis me défendre de citer le joli sonnet d'Anatole Le Braz, qui a si bien compris son Quimper :

Ce qui me charme en toi, Quimper de Cornouailles,
C'est ton cœur paysan sous tes airs de cité,
Ce sont les verts labours qui trempent tes murailles
D'un grand bain de nature et de rusticité.

Tes rivières, avec un bruit clair de sonnailles,
T'apportent des odeurs de foin frais récolté,
Et tes filles, aux cheveux blonds, du blond des pailles,
Pour grâce souveraine ont leur calme santé.

Dans les soirs bleus, à l'heure où les choses s'embrument
Des glas discrets de cloches tintent, des toits fument ;
Un grêle biniou chevrote un chant léger ;

Et sur l'ombre flottante où s'enfonce la ville,
Le noir Frugy s'accoude, ainsi qu'un vieux berger
Qui rêve, sous la lune, à quelque jeune idylle.

Jolies collines pour l'encadrer, fraîches rivières pour l'arroser et l'égayer, port d'un si bel aspect aux hautes marées, parfois peuplé de douze à quinze navires caboteurs ; *boulevards de l'Odet et du Parc, quai de l'Odet, Champ-de-Bataille, allées de Loc-Maria*, et, émergeant de cet admirable tableau, les flèches dentelées de la *Cathédrale* qui s'élèvent dans les airs, fortes et saines, avec leurs lignes harmonieuses et pures, planant magistralement sur l'ensemble de la ville.

Je voudrais que vous eussiez la bonne fortune de jouir de cette vue par une de ces brumes bleuâtres d'une matinée d'hiver ou de printemps ; rien n'est comparable à ces allées de Loc-Maria, à moitié noyées dans cette brume vaporeuse, baignées dans cette atmosphère de rêve inventée par la fantaisie de quelque fée aquarelliste. Et tout en haut percent, comme des lances lumineuses, des rayons de soleil presque horizontaux, filtrant à travers les arbres du sommet du Frugy.

CATHÉDRALE. — Grand Portail.

Savourez doucement ce spectacle, et si par bonheur vous vous trouvez chez nous un samedi, jour de foire ou de marché, ce sera une excellente occasion de faire connaissance avec la variété des costumes de nos cantons voisins, des coiffes et modes diverses de nos bretonnes : Bourlédens du pays des Glaziks, Fouesnantaises accortes et flères, Bigoudens de la région de Pont-l'Abbé casquées d'un diadème brodé et toutes plastronnées de broderies voyantes.

Mais voyons nos monuments, ou pour mieux dire, notre monument ; visitons rapidement *la Cathédrale*. Elle n'a pas l'ampleur et la majesté des grandes cathédrales classiques, mais elle forme un si bel ensemble, elle est si saine et si bien portante, sans tare aucune, dans la robustesse de son vieux granit. Transportons-nous sur la *place Saint-Corentin*, en face du grand portail, au pied des tours. La grande porte est richement encadrée par des guirlandes de feuillages et des niches dentelées où des anges de pierre, aux opulentes chevelures, tiennent des banderoles et des écussons. Le fronton qui la surmonte et les deux parois latérales forment une grande page héraldique où les archéologues ont déchiffré les blasons du Duc Jean V, de sa femme Jeanne de France et de leurs trois fils ; puis ceux de l'évêque Bertrand de Rosmadec, fondateur de cette partie de la Cathédrale, et des quatre seigneurs de Névet, Botigneau, Guengat et Quélennec.

Des deux côtés de cette porte, entre des contre-forts hérissés de pinacles, s'élèvent les deux tours, percées de longues baies étroites. Au milieu de la plate-forme qui les rejoint à leur sommet, se dresse la statue équestre du roi Grallon, puis des galeries découpées, d'une extrême élégance, forment le couronnement de ces tours, pour servir de transition et de base aux clochetons d'angle et aux flèches d'un travail si riche et si correct.

Un coup d'œil au joli porche du côté Sud, tout contre l'Évêché, avec sa belle ornementation moulurée et feuillagée, son fronton blasonné, sa balustrade de couronnement, mais surtout cette jolie Vierge-Reine, assise et couronnée, tenant son Enfant-Jésus qui caresse une colombe, et que deux anges agenouillés encensent si gracieusement.

Il faut nous reporter à l'autre partie de la place Saint-Corentin, pour examiner la façade Nord dans tout son développement. Est-il élégant ce petit portail latéral à deux arcades géminées, tout

CATHÉDRALE. — Portail Sud.

CATHÉDRALE. — Portail Nord.

décoré aussi de feuillages sculptés, de niches et de blasons ! Mais
admirez ce grand déploiement de l'édifice : fenêtrés basses et
hautes de la nef, aux riches meneaux flamboyants, balustrades et
galeries, contreforts, clochetons et arcs-boutants, transept de
même époque et de même ornementation ; puis au-delà, le chœur
d'une date antérieure et d'un style différent, mais formant avec le
reste un ensemble harmonieux. C'est surtout vers l'abside de ce

CATHÉDRALE. — Abside.

chœur que l'œil sera attiré par le jeu mouvementé des arcs-
boutants et des pinacles de contreforts, donnant à chaque pas
des silhouettes changeantes. Voyez ce décor de pierre en pleine
lumière du jour, voyez-le au crépuscule ou par un mystérieux
clair de lune, et le spectacle ne fera que varier de charme.

En pénétrant à l'intérieur par la porte principale, ce qui frappe d'abord l'œil, c'est la déviation réellement exagérée de l'axe de l'édifice. Cette inclinaison du chœur peut quelquefois avoir eu une raison symbolique, mais ici elle a dû avoir été déterminée par une nécessité de construction ; néanmoins elle n'est pas sans produire d'assez heureux effets de perspective, surtout lorsqu'on circule dans les bas-côtés.

Si l'aspect général semble en premier lieu grave, austère et un peu trop sombre, on ne tarde pas à revenir de cette impression à mesure que l'on avance et que l'on considère les belles lignes de l'architecture : piles et arcades de la nef et des bas-côtés, chapelles latérales des deux côtés du chœur ornées de fresques de YAN D'ARGENT, galeries hautes surmontées de fenêtres garnies toutes de leurs vitraux du moyen-âge.

Ce qu'il y aurait le plus à examiner, ce seraient : les *Tombeaux des Évêques ;* le *grand Saint-Jean-Baptiste* en albâtre, des *fonts-baptismaux;* la *Vierge* en marbre, d'OTTIN ; le très riche *maître-autel* en bronze doré et émaux, de BOESWILWALD.

Si on veut étudier à fond cette Cathédrale, dans son histoire et dans ses détails, il faut recourir à la notice que l'on trouve en librairie : *Visite à la Cathédrale de Quimper,* et à la *Monographie* de Monsieur LE MENN.

Au sortir de la Cathédrale, il faut visiter l'*ancien Évêché,* aujourd'hui transformé en MUSÉE ARCHÉOLOGIQUE. Ce qu'il y a surtout à examiner dans la cour intérieure, c'est la tourelle d'escalier avec ses fenêtres moulurées, sa corniche à mâchicoulis, ses lucarnes et sa riche cheminée de couronnement.

Le *Musée municipal et départemental,* donnant sur la place Saint-Corentin, en face de la statue de Laënnec, mérite une visite spéciale. Les deux salles du rez-de-chaussée sont consacrées à l'archéologie. Dans celle de gauche se trouvent de nombreux objets d'archéologie préhistorique, égyptienne, grecque et gallo-romaine, un *joli vitrail du XVIe siècle* et une *très remarquable galerie de costumes bretons,* bien plus correcte et plus riche que celle du Trocadéro. La salle de droite renferme d'excellents spécimens de mobilier breton ancien, faïences de Loc-Maria et de Rouen, émaux limousins et italiens, etc.

Les salles du haut constituent une collection de peintures, de gravures presque sans pareille, pour un musée de province.

QUIMPER. — Maison des Cariatides.

Demander le catalogue et s'attacher surtout aux tableaux des maîtres modernes qui ont traité des sujets et paysages bretons, toiles d'une très bonne facture et d'un très haut intérêt.

A côté du Musée est l'*Hôtel de Ville,* où se trouve la *Bibliothèque municipale,* très riche surtout en *volumes anciens.*

Et maintenant nous pourrions parcourir la ville pour voir rapidement les petits coins pittoresques qui existent encore, en attendant que tout soit modernisé.

En quittant le Musée ou l'Hôtel de Ville poussez une pointe dans la *rue du Guéodet,* au Nord-Ouest de la place Saint-Corentin, à la maison Clément, dont vous remarquerez les lucarnes et les fenêtres gothiques du XV° siècle. Un peu plus loin vous trouverez la maison des cariatides ayant des pieds-droits de portes et de fenêtres en granit mouluré, avec des têtes grimaçantes, des bustes de bonshommes et de bonnes femmes, aux costumes du temps de Henri II ou Henri III.

Retournez sur vos pas et montez la *rue Royale.* Bientôt vous aurez à votre gauche un portail gothique et une maison à pans de bois et encorbellements ; puis à droite quelques vieux hôtels et des masures du plus beau délabrement et du plus bel effet décoratif. Retournez-vous pour admirer cet ensemble. N'est-il pas curieux en effet avec, au premier plan, ces façades branlantes, ces silhouettes de lucarnes, de cheminées et de tourelles, au second, la place Saint-Corentin et les flèches de la Cathédrale, et, comme fond au tableau, les arbres du mont Frugy ? Continuons à monter. Au haut de la rue nous trouvons une tour moderne qui se termine en poivrière du moyen-âge. Elle a été construite pour servir de château-d'eau au *Lycée* et pour perpétuer le souvenir d'une tour ancienne défendant la porte de la ville en cet endroit, petite tour, Tour-Bian, d'où l'on a fait *Tourbie,* dénomination qui est restée au quartier.

QUIMPER. — Tourelle sur le Stéïr.

Longeons les *vieux remparts* à mâchicoulis, qni partent de cette tour et qui forment maintenant l'enclos du Lycée, puis descendons cette longue rampe que l'on appelle du nom de *Pichéry* (la Pêcherie), où nous trouvons encore quelques vestiges de

la vieille muraille d'enceinte et d'où nous pourrons plonger sur le *vallon du Stéïr*, très gracieusement encadré.

Au bas du Pichéry, arrêtons - nous sur le *pont Médard* et donnons un coup d'œil à la *rivière du Stéïr*, aux constructions qui la bordent et à cette petite tourelle ou échauguette en encorbellement sur l'eau, et qui a été copiée par tant de photographes et de dessinateurs.

C'est au pont Médard que finissait autrefois la juridiction de l'Évêque et du Chapitre ; au-delà commençait celle du Duc de Bretagne, d'où la dénomination de *Terre-au-*

QUIMPER. — Rue Keréon

Duc, au quartier voisin, et le nom de *Moulin du Duc* au vieux moulin transformé maintenant en fabrique de glace et en usine d'électricité.

Nous n'avons que quelques pas à faire pour arriver à la *place*

Terre-au-Duc, qui conserve encore un peu de son aspect moyenâgeux. Passons par la *rue Saint-Mathieu*, et traversant la place de ce nom, entrons un instant dans l'église paroissiale, toute moderne, mais où l'on a conservé la maîtresse-vitre du XVIe siècle. Tout à côté l'on voit la *Caserne* et la *Prison*, vieux bâtiments du couvent des Ursulines. Revenons par la *rue du Chapeau-Rouge*, repassons le pont Médard et parcourons dans toute sa longueur la *rue Keréou*, la plus commerçante de Quimper ; nous y trouverons quelques vieilles maisons à herse ou à pans de bois,. avec sculptures et statuettes, étages en encorbellement, pignons sur rue, toutes les particularités des maisons du Moyen-âge.

Après cette explication. j'aime mieux vous laisser errer au hasard dans les autres quartiers, au gré de vos goûts et de votre caprice. Si cependant vous aimez les vieilleries, je vous conseillerai de passer par la grande et la petite *rue des Boucheries*, et la *place au Beurre ;* remontez là *rue du Collège*, donnez un coup d'œil à la façade du Lycée moderne et à la Chapelle, style Jésuite ; prenez à gauche, descendez par la *rue Mescloaguen*, tournez par la pittoresque *rue des Gentilshommes,* et allez vous égarer aux alentours de la *Halle*, à la *Poste*, dans la *rue Saint-François,* sans oublier l'autre côté de l'eau, les *rues Sainte-Catherine* et *Sainte-Thérèse.*

Mais Il y a trois petites courses que vous ne devez pas omettre, si vous voulez voir Quimper dans son aspect d'ensemble :

1° — Montez les *allées du Mont-Frugy*, trop négligé par les Quimpérois ; Il y a là des échappées qui vous donneront des vues uniques dans leur genre.

2° — Allez jusqu'à l'*Hospice* et continuez jusqu'à la grille de l'*Asile départemental de Saint-Athanase ;* retournez-vous et regardez les grands établissements qui bordent Quimper de ce côté.

3° — Montez jusqu'à *Kernisy ;* l'aspect change, mais le coup d'œil est aussi intéressant.

Ces trois excursions sont saines et réconfortantes, mais surtout elles mettront dans vos yeux des tableaux que vous n'oublierez jamais.

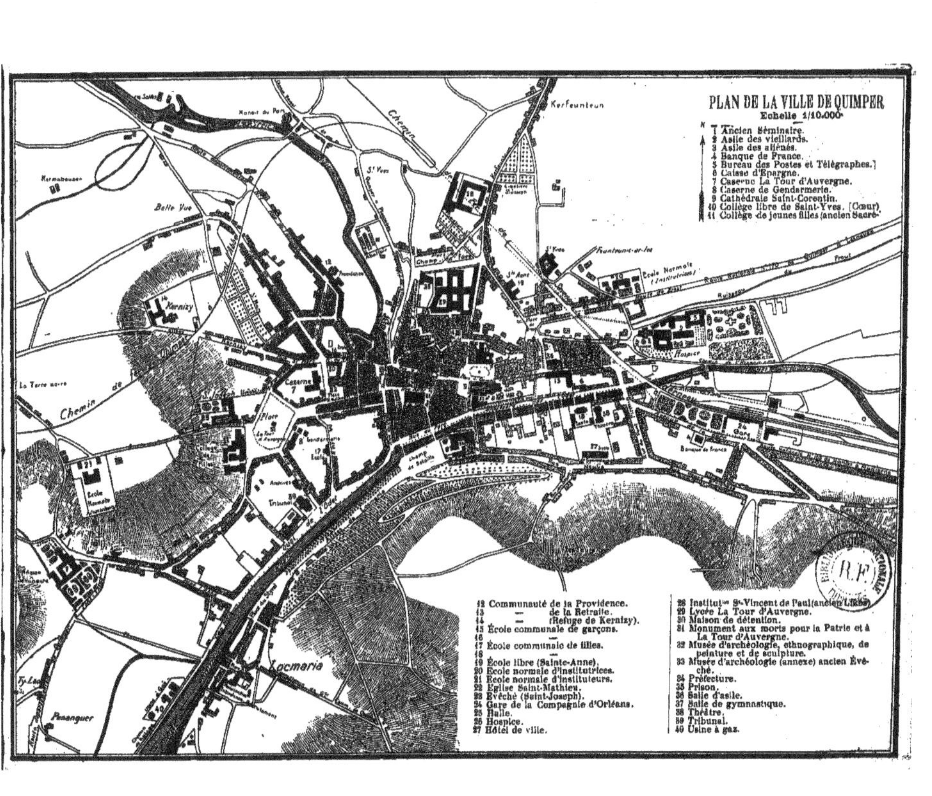

PLAN DE LA VILLE DE QUIMPER
Echelle 1/10.000

N

1 Ancien Séminaire.
2 Asile des vieillards.
3 Asile des aliénés.
4 Banque de France.
5 Bureau des Postes et Télégraphes.
6 Caisse d'Épargne.
7 Caserne La Tour d'Auvergne.
8 Caserne de Gendarmerie.
9 Cathédrale Saint-Corentin.
10 Collège libre de Saint-Yves. [Cœur)
11 Collège de jeunes filles (ancien Sacré-

12 Communauté de la Providence.
13   —   de la Retraite.
14   —   (Refuge de Kernizy).
15 École communale de garçons.
16   —
17 École communale de filles.
18   —
19 École libre (Sainte-Anne).
20 École normale d'institutrices.
21 École normale d'instituteurs.
22 Église Saint-Mathieu.
23 Évêché (Saint-Joseph).
24 Gare de la Compagnie d'Orléans.
25 Halle.
26 Hospice.
27 Hôtel de ville.

28 Institut⁹ St-Vincent de Paul (ancien Lycée)
29 Lycée La Tour d'Auvergne.
30 Maison de détention.
31 Monument aux morts pour la Patrie et à
      La Tour d'Auvergne.
32 Musée d'archéologie, ethnographique, de
      peinture et de sculpture.
33 Musée d'archéologie (annexe) ancien Évê-
      ché.
34 Préfecture.
35 Prison.
36 Salle d'asile.
37 Salle de gymnastique.
38 Théâtre.
39 Tribunal.
40 Usine à gaz.

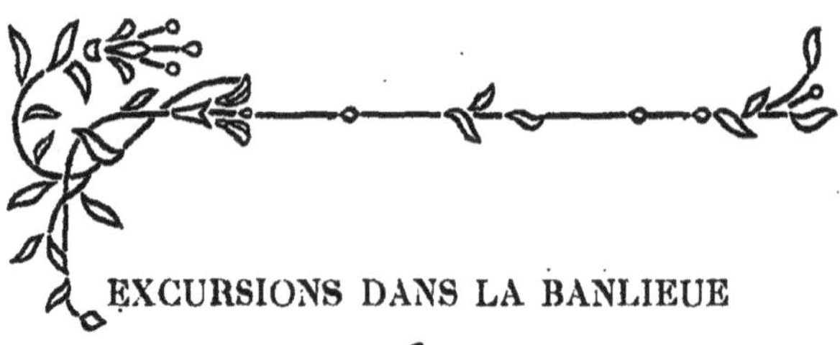

EXCURSIONS DANS LA BANLIEUE

Deuxième Excursion

LOC-MARIA — CHAMP DE MANŒUVRE — MANOIR DE KERGOAT-AL-LEZ — MANOIR DE LA FORÊT — MANOIR DU PARC.

C'est le moment d'enfourcher sa bicyclette et de pédaler, mais tout doucement, sans se presser. Traversez le *pont de la Préfecture*, contournez le *Champ-de-Bataille* au pied de la Montagne, longez les allées qui mènent au vieux *faubourg de Loc-Maria*. C'est, depuis le XV siècle, un centre de fabrication de poteries et de faïences ; mais bien avant cela il y avait été fondé une abbaye de moniales remontant très probablement au VIII siècle.

Passez par la *rue Basse*, aux très vieilles maisons. Arrivé sur la *place de l'Église*, vous voyez ce vénérable monument du XI siècle, peut-être du IX ; les archéologues pourront ergoter là-dessus. En tous cas, le petit appareil ou pierres cubiques des murs latéraux et les fenêtres étroites comme des meurtrières, en démontrent la haute antiquité. A côté sont les bâtiments de l'*ancien Prieuré*, reconstruits au XVIII siècle, maintenant transformés en *manutention militaire* et en *bureaux de recrutement*. Entrez dans l'*Église*, voyez les piliers carrés et les arcades de la nef, les piles du transept supportant le clocher central ; vénérez la statue de Notre-Dame et le Christ en robe rouge qui se trouve sur le tref ou poutre transversale ; passez en revue les tombes à effigies qui forment le pavé du bas-côté Nord, déchiffrez l'épi-

taphe la plus lisible, celle du Prieur Alain de Pennélé, 1424. En
sortant, faites le tour de l'Église pour en étudier l'ensemble et
surtout pour voir les deux faces Est et Sud du clocher, qui n'ont
pas été retouchées comme les deux autres et ont gardé leur
physionomie primitive.

Prenant la *route de Bénodet*, tournez au premier carrefour, par
le petit chemin montant au *Champ de manœuvre* du 118e. Soup-
çonnez-vous que tout le terrain sur lequel vous passez recèle des
vestiges de l'occupation romaine : pierres de construction, restes
de vieux murs, briques, tuiles, débris de poteries ? De même le
champ de manœuvre, au haut duquel un établissement considé-
rable et une tour d'observation ont été explorés par MM. GRENOT
et LE MENN, vers 1872.

Entrez dans le champ de manœuvre par la barrière ou grande
brèche au haut du plateau. Promenez-vous-y un peu en tournant
vos regards vers les quatre points cardinaux, contemplez le panorama qui se déploie devant vous, surtout les hauteurs de *Penhars*,
Pluguffan, *Plomelin*, la *baie du Lédanou*, sorte de lac intérieur
formé par la rivière de Quimper descendant vers Bénodet. Ce
point stratégique était donc admirablement choisi par les Romains
pour surveiller de ce côté tous les abords de la ville.

Continuez votre course par le chemin que vous venez de quitter
et qui n'est autre que la voie romaine de Carhaix à Quimper ;
bientôt vous en croiserez une autre venant de Vannes et qui descend directement en ville par le *quartier Saint-Julien*. Allez en
ligne droite pour vous enfoncer dans un chemin creux qui, au
bout de cent mètres vous mènera en tête d'une allée de vieux
manoir ; le mieux est de mettre pied à terre pour vous engager
dans cette allée et vous vous trouvez bientôt en face du petit
Manoir de Kergoat-al-Lez (Village du bois de la cour), ce n'est
rien désormais qu'une petite ferme, mais il y a cette tour ronde
en poivrière, ce logis aux portes et aux fenêtres gothiques, ce
puits à la margelle usée ; ce n'est rien, mais c'est le type des
vieilles gentilhommières bretonnes.

De Kergoat-al-Lez au *Manoir de la Forêt* il n'y a que 400 mètres
à vol d'oiseau, mais pour y arriver vous serez obligé de faire
deux kilomètres et demi. Ne vous en plaignez pas ; ce ne sera

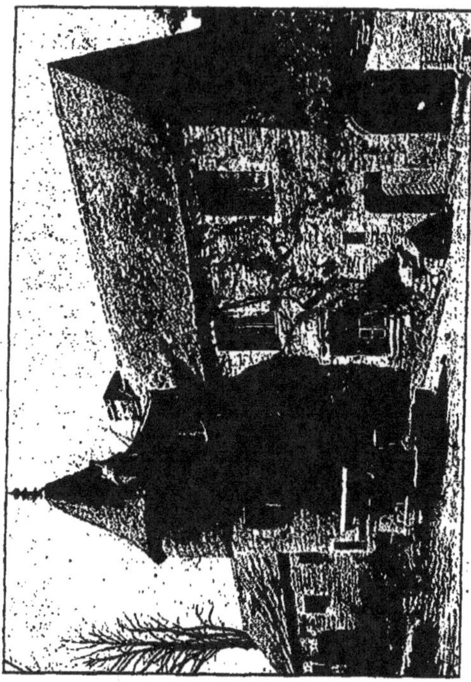

pas une course inutile ? Descendez soixante pas, par le chemin
de la ferme, jusqu'à la *route de Concarneau ;* puis quand vous
aurez franchi le coude tout proche, et que vous serez en face de
Quimper, allez lentement, lentement, et savourez le spectacle que

vous avez devant vous : à vos pieds, le *quartier de la Gare*, dominé par les hauteurs et les bâtiments de l'Asile départemental ; devant vous, Quimper dressant fièrement ses clochers, Quimper entouré de ses collines bleues et comme assoupi dans une demi-somnolence.

Passez le *pont Firmin*, et au bout de la rue prenez le passage à niveau du *chemin de l'Hippodrome*. Suivez pendant quelque temps le fil de la rivière et 100 mètres après l'avoir quittée, vous trouverez à votre droite une petite avenue, souvent boueuse ; suivez-là sans répugnance : au bout, c'est le *Manoir de la Forêt*. Derrière une plantation d'ormes et de châtaigniers, voici un portail gothique donnant entrée dans la cour. Cette porte est couronnée de moulures feuillagées, en accolade ; avec blasons et lions héraldiques tenant des branches noueuses. Elle est défendue par une petite tour carrée percée de meurtrières.

Après avoir franchi le portail on se trouve dans l'ancienne cour d'honneur transformée maintenant en cour de ferme et présentant par conséquent une propreté toute problématique. On a devant soi la façade du vieux logis ; partie en simples moëllons, partie en pierres de taille. La large porte en anse de panier, encadrée de pilastres gothiques, de moulures prismatiques et d'une accolade feuillagée, est encore accostée des mêmes lions ; les moulures verticales sont surmontées d'anges tenant des écussons et au-dessus du fleuron de couronnement est fièrement campé une sorte de petit lansquenet brandissant crânement sa rapière.

Les fenêtres sont moulurées et quelques-unes ornées de sculptures ; cinq d'entre elles sont recoupées de meneaux et de croisillons. Au bas des rampants des pignons, s'accrochent des gargouilles, et à mi-hauteur d'un de ces rampants est accroupi un marmouset. Faisant retour d'équerre, au fond de la cour, est une autre aile dont une moitié semble former grange ou galerie couverte, les poutres du plancher étant soutenues par trois belles colonnes de pierre. Ce petit coin curieux a été reproduit dans le village breton de l'Exposition Universelle de 1900.

A l'intérieur de la maison vous pourriez encore étudier les particularités des vieux manoirs bretons : grandes cheminées de granit, plafonds aux poutres et solives moulurées, porte aux sculptures mythologiques du temps de François I", bel escalier à vis dans la tourelle d'arrière, portes biaises savamment appareillées, arcs enchevêtrés pour soutenir les paliers.

Pour visiter le *Manoir du Parc*, il faut retourner en ville, revenir au pont Médard et au bas du Pichéry, prendre la route de l'*Abattoir*. Poussez jusqu'au passage à niveau de la ligne de chemin de fer de Pont-l'Abbé ; 50 mètres plus loin vous trouverez l'entrée du Manoir du Parc, deux ailes en équerre, une tourelle d'escalier non achevée, quelques fenêtres gothiques à croisillons, deux lucarnes à fronton avec chiens accroupis au bas des rampants, et écussons frustes sur des cartouches Louis XIII. Dans le mur d'enclos Sud, du côté du chemin de fer, portes et fenêtres maçonnées laissant supposer d'anciens bâtiments de service. A l'intérieur, une grande cheminée et quelques portes gothiques.

Allez jusque sur la passerelle voisine jetée sur le Stéïr. Jetez les yeux sur le cours de la rivière en amont et sur la grande prairie ; puis retournez-vous en aval et, à travers la grande arche du pont du chemin de fer en guise de cadre, regardez ce tableau, véritable diorama : la rivière reflétant le ciel et les arbres, au fond Quimper, l'extrémité des flèches, la montagne ; et sur la rive gauche, cette enfilade d'appentis de laveuses où tout un syndicat féminin, à grand renfort de savon et de coups de battoirs est occupé à blanchir le linge et la réputation des Quimpérois.

KERFEUNTEUN — LA MÈRE-DE-DIEU.

Kerfeunteun est un petit bourg situé à 800 mètres du centre de Quimper ; on y monte par la rue Royale, et plus loin les maisons se succèdent en enfilade, presque sans discontinuer.

Vous remarquerez le clocher à jour, porté en encorbellement sur la façade de l'église ; tout près, dans le vieux cimetière, au bout d'une colonne en fût de croix, l'effigie de la Sainte-Trinité, à laquelle est dédiée l'église, puis dans le porche, l'épitaphe pompeuse du peintre VALENTIN. A l'intérieur il n'y a de remarquable que la maîtresse-vitre représentant un bel arbre de Jessé.

Deux petits kilomètres plus loin est la *Chapelle de la Mère-de-Dieu* (Ty-Mam-Doué) très fréquentée par les gens de Quimper.

A quelle époque remonte, en cet endroit, l'érection d'un premier oratoire, sous ce vocable ?

Très probablement au commencement du XIVe siècle, peu d'années après le transfert miraculeux à Lorette de la Maison de Nazareth, 1295. Un arrêt du Parlement de Bretagne rendu le 1" Avril 1556, nous apprend qu'en l'an 1540, Pierre Kerniquillinec, lors sieur de Keranmanoir, sur le terrain duquel était bâtie la chapelle, « aurait permis aux paroissiens de Choeuzon *(Cuzon)* de refaire et de reconstruire de nouveau certaine chapelle appelée chapelle de la Mère-de-Dieu ».

Il est d'un très heureux effet, cet édifice, surtout vu à travers les arbres de son placître. Ce qui lui donne particulièrement du pittoresque, c'est son petit clocher si singulièrement campé sur un contrefort d'angle orné de niches et de dais, la belle porte sculptée et feuillagée à côté de ce contrefort, le grand pignon du transept Sud et ceux des fenêtres de l'abside. Au-dessus de cette porte ornementée, se lit justement la date de cette partie de la construction, écrite en caractères gothiques sur un cartouche tenu par deux petits personnages. Tâchez de déchiffrer sur place cette inscription ; voici ce que j'ai cru lire, après de multiples essais :

> CESTE CHAPELLE EN LHOEUR
> MAM DOE L M V[cc] XLI
> NOUS Y FAIT SÇAVOIR Q CHE
> NOBLE JISENT DOIO BONNE FOI

et je traduis ainsi :

> Cette chapelle, en l'honneur
> Mam Doe (de la Mère-de-Dieu) l'an 1541
> Nous y fait savoir que chez
> Noblesse gisent dévotion et bonne foi.

Les autres parties sont postérieures, comme l'indiquent les différentes inscriptions :

Sur le côté Sud de la nef : M. P. CORAY. RECTEUR. 1605.
Porte principale Ouest : PAX. VOBIS. 1592.
Côté Nord : INRI. O. MATER. DEI. MEMENTO. MEI. 1592.
Même côté, sur la porte : MI. CONMAN. RECTEUR. 1624.

A l'intérieur, sans qu'il y ait grande richesse de style on peut observer quelques curieuses particularités de construction, ainsi que deux ou trois piscines sculptées et moulurées. A l'entrée du chœur, sur un trône en chêne ouvragé se trouve la statue vénérée de Notre-Dame, belle vierge assise, ayant l'Enfant-Jésus debout sur ses genoux et tenant dans la main droite une très belle grappe de raisin. Cette statue est richement et noblement drapée.

Les caractères de sa facture et les rapports qu'elle a avec la grande statue de Kerdévot semble devoir lui assigner pour date l'époque de Louis XIII.

C'est à la suite d'une prière fervente et d'une sorte de vœu fait à la Mère de Dieu, que le P. Maunoir rénssit à apprendre en quelques jours la langue bretonne, pour pouvoir se consacrer aux missions des campagnes ; œuvre à laquelle il se voua tout le reste de sa vie.

A cent ou deux cents pas plus haut que la chapelle, on peut visiter la ferme ou vieux *Manoir de Kéramaner.*

QUILINEN. — Calvaire.

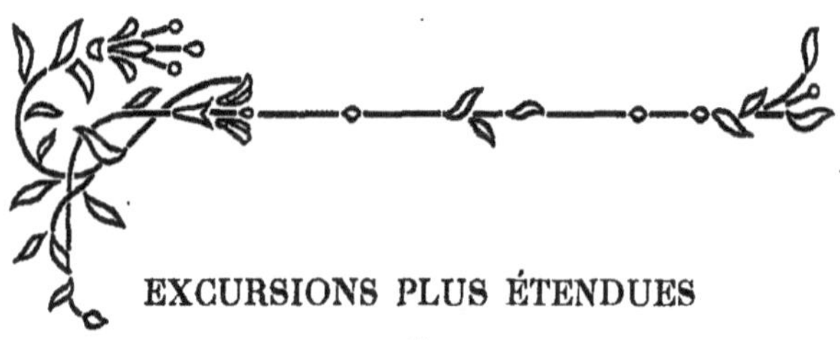

EXCURSIONS PLUS ÉTENDUES

Troisième Excursion

MANOIR DE COATBILLY — CHAPELLE & CALVAIRE DE QUILINEN — CHAPELLE DE SAINT-VENNEC.

Distance maxima : 16 KILOMÈTRES.

Prenez la *route de Brest* et suivez le joli *vallon du Frout ;* bientôt vous passerez à la croix et au *Moulin de Trégueffellec* et au bout de 4 kilomètres vous verrez à votre droite le toit aigu de la tourelle de *Coatbilly*. Montez jusqu'au vieux manoir, un peu trop masqué par de nouvelles constructions, donnez un coup d'œil à la façade avec ses portes, ses fenêtres et ses lucarnes de la Renaissance, tâchez de voir à l'intérieur la tourelle d'escalier avec ses agencements de paliers et de portes.

Reprenant votre chemin, après le 6ᵉ kilomètre la route se bifurque ; la direction de droite va à *Briec* et *Pleyben*, celle de gauche à *Châteaulin*. Prenez de ce côté, et après le 11ᵉ kilomètre, la *Chapelle de Notre-Dame de Quilinen* apparaît à droite. En prenant le petit chemin, on aborde la Chapelle du côté de l'abside, et cette abside continuée en ligne droite par le transept Nord, ne manque pas de grandeur ni de caractère, avec ses trois fenêtres flamboyantes et ses quatre contreforts surmontés de pinacles aigus.

Avant d'arriver à la façade du Midi, on est arrêté par le *Calvaire*, le plus curieux, le plus singulier, le plus ingénieux des calvaires de second ordre dans toute la Bretagne. On ne peut rien imaginer de plus heureux comme groupement de personnages et comme silhouette originale ; pour le bien saisir, il faut le contourner et l'examiner sur toutes ses faces. Comme base ce sont deux massifs triangulaires se superposant et se compénétrant, et tout autour de la deuxième base, sur des culs-de-lampe en cariatides, les apôtres diversement étagés, pour donner plus de mouvement à l'ensemble. Quelques-unes des cariatides tiennent de longues banderoles qui courent contre le socle et qui ont pu autrefois recevoir des inscriptions en couleur, mais ne portent pas de traces de gravure.

Au pied de la croix, par devant, est Notre-Dame de Pitié, tenant le corps de son Fils et accompagnée d'une des Saintes-Femmes ; plus haut, à deux niveaux différents, deux autres Saintes-Femmes et l'apôtre Saint Jean. Au dos de la croix on voit la Sainte Vierge tenant l'Enfant-Jésus dans ses bras, plus haut, la Madeleine tenant un vase d'aromates, et au sommet, derrière le crucifix, Notre-Seigneur ressuscité. Les larrons, surtout celui de gauche, se tordent dans des convulsions étranges. Des traces de peinture conservées sur les statues, surtout dans les plis des draperies, indiquent que primitivement tout ce Calvaire était peint et doré.

Et maintenant nous pouvons passer à l'examen de la façade Sud : trois petites fenêtres, une petite porte élégante, deux contreforts dont l'un très massif renferme un escalier qui desservait autrefois un Jubé intérieur, et qui sur sa face extérieure contient une niche abritant une statue de Saint-Pierre, en calcaire blanc, maintenant dégradée mais offrant sur les bordures de ses vêtements des broderies d'une extrême finesse rappelant la fin du XVᵉ siècle.

Presque au bas de ce côté de la nef, est une porte ou grande arcade encadrant une porte géminée et dans le tympan une gracieuse statue de la Vierge, à genoux, ayant à sa droite un ange portant sur une banderole l'inscription gothique : AVE. GRATIA. PLENA. — C'est donc une Annonciation. — A sa gauche un autre ange, aussi à genoux, tient l'inscription : NOTRE. DAME. DE. BONNES. NOUVELLES.

A l'intérieur de la Chapelle on est agréablement surpris de trouver une architecture riche et savante dans la partie absidale, c'est-à-dire une travée de la nef, le chœur et la branche de croix qui forme l'unique transept au Nord. Des piliers revêtus de colonnettes soutiennent des arcades et des voûtes élégantes recoupées de nervures moulurées. Quatre écussons forment les clefs à l'entrecroisement de ces nervures : l'un, dans le chœur, est chargé d'hermines sans nombre ; deux, dans la nef et le transept, portent des macles.

Cette Chapelle est peuplée de nombreuses statues et groupes ; citons-les en partant de l'angle à droite du maître-autel :

1° — Notre-Dame, la sainte patronne, portant sur son bras gauche l'Enfant-Jésus vêtu d'une robe et tenant un livre. Cette statue a beaucoup de style et offre tous les caractères du XV° siècle.

2° — De l'autre côté de l'autel, dans une large niche accrochée à un pilier, est un groupe remarquable de la descente de croix, dont le style se rapproche singulièrement des sculptures flamandes.

3° — Dans le transept, Sainte Anne.

4° — Résurrection : Notre-Seigneur sortant du tombeau.

5° — Saint Roch, accompagné d'un petit ange.

6° — Saint Cadoc, en chape et mitre, avec crosse en main.

7° — Saint Yves entre le riche et le pauvre.

8° — Saint Corentin.

9° — Dans la nef, statue d'Évêque en pierre.

10° — Sur un tref ou poutre transversale se trouve Notre-Seigneur en croix et, à ses côtés, Notre-Dame et Saint Jean. Sous les mains du Sauveur sont des anges suspendus en l'air par des tiges de fer, et qui recueillent le précieux sang coulant de ses plaies.

La Chapelle de Quillinen a sa *fontaine*, comme la plupart des chapelles de pèlerinage ; elle se trouve à 30 ou 40 mètres au Nord-Est de l'abside, au bord de la route conduisant au bourg de *Landrévarzec*. Sur la façade de l'édicule en granit qui la surmonte on voit trois écussons ; l'un porte les armes de Pennanjeun-Laulnay, ancien château voisin, *d'azur au croissant de gueules ;* les deux autres offrent le même blason parti d'une alliance.

Il faut reprendre la *route de Châteaulin* ; au bout de 2 kilomètres on passe dans les bois du *Château de Kervélégan*, habitation du marquis de Plœuc, ancien gouverneur de la Banque de France, qui sauva cet établissement contre les entreprises de la Commune en 1871. Passé la borne kilométrique n° 16, on trouve à droite la *Chapelle de Saint-Vennec*, dépendant de la paroisse de *Briec*. Saint Vennec ou Guennec était fils de Sainte Guen et de Saint Fragan, frère de Saint Guénolé et de Saint Jacut.

Le *Calvaire*, que l'on rencontre d'abord, a de nombreux rapports avec celui de Quilinen mais lui est inférieur en élégance et en originalité. Autour de deux massifs triangulaires constituant la base, sont rangés les douze Apôtres, avec leurs noms inscrits sur le socle qui les supporte, et un article du Credo, en belles lettres gothiques, sur la banderole qu'ils tiennent de la main.

La *Chapelle*, à l'extérieur n'offre rien d'intéressant si ce n'est le groupement de deux portes assez ornementées, percées dans le côté et le transept Sud et séparées par un contrefort placé dans l'angle rentrant, avec une jolie niche abritant une petite statue en pierre de Saint Jean-Baptiste.

A l'intérieur de l'édifice nous trouverons bon nombre de statues, que nous allons étudier par ordre de placement :

1° — A l'angle du transept Nord, sur un grand cul-de-lampe en pie re et dans une grande niche en bois, st Saint Yves entre le riche et le pauvre. Sur le cul-de-lampe est sculptée en relief, en caractères romains, l'inscription suivante donnant le commencement de l'oraison de Saint Yves :

DEV. QVI. BEATUM. YVONEM. CONFESSOREM — Y. MOEZ

2° — De l'autre côté de la fenêtre est un Saint Sébastien.

3° — Au coin du maître-autel, du côté de l'évangile, un grand cul-de-lampe en pierre porte cette incription :

NOTRE. DAME. MERE. DU. REDEMPTEUR. 1592

Sur ce cul-de-lampe, une niche en bois, dans le style de la fin de la période gothique, abrite deux statues : Sainte Anne et la Sainte Vierge la première en bois, la seconde en pierre. La Sainte Vierge allaite l'Enfant-Jésus, elle porte une couronne et tient une pomme de la main droite. Une inscription sur le socle la désigne sous le nom de :

N. D. DE. TREGVRON

ce qui d'après quelques-uns signifierait : Notre-Dame des trois couronnes ou du Rosaire.

La Sainte Vierge est vénérée sous le même vocable à La Forêt-Foues-

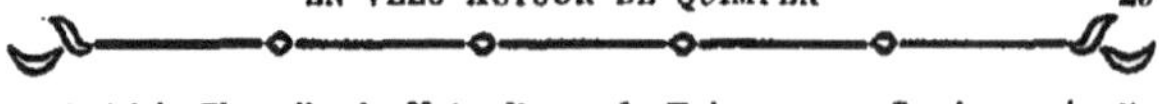

nant et à la Chapelle de Notre-Dame de Tréguron, en Gouézec, où elle est invoquée tout particulièrement par les mères et les nourrices qui ont besoin de lait pour leurs nourrissons.

Le haut de la niche est orné de sculptures grossières représentant : l'Annonciation, Notre-Seigneur ressuscité apparaissant à sa mère, le couronnement de la Sainte Vierge.

4° — Au coin de l'épître, cul-de-lampe en pierre avec l'inscription :

S. GVESNOCE : 1578

Niche gothique en bois dont le dais avait des découpures en bois très fines ; elles ont dû tomber de vétusté. Dans cette niche est la statue du saint patron. Saint Vennec ou Guesnoc, qui signifie blanc. Il est représenté en guerrier, casque en tête, revêtu de la cuirasse et du reste de l'armure de fer, et portant sur le tout un manteau qui le drape élégamment. De la main droite il tient une épée nue et de la gauche un livre ouvert. A ses pieds et dans la même niche sont deux petites statues en bois de ses deux frères, Saint Guénolé et Saint Jacut, vêtus en abbés, avec chape, mitre et crosse.

5° — Entre le maître-autel et la fenêtre du transept Sud est la représentation la plus curieuse et la plus extraordinaire qui soit dans le pays : c'est la statue de la mère de Saint Vennec, *Santez Guen Teirbronn*. — *Sancta Alba Trimammis*. — *Sainte Blanche aux trois mamelles*, parce que d'après la légende populaire, consignée et confirmée dans le *Cartulaire de Landévennec*, Dieu lui donna une troisième mamelle à la naissance de son troisième fils. C'est un groupe en pierre peinte et dorée ; la Sainte est représentée assise, couronne en tête, avec une chevelure abondante qui tombe sur ses épaules et est retenue par des rubans ou bandeaux. Elle porte sur ses genoux un petit enfant vêtu d'une robe dont le bas est orné d'une frange. Cet enfant tient de la main gauche une banderole sur laquelle est inscrit en caractères gothiques du XVI° siècle : S GVENOLAE.

Aux côtés de la Sainte sont deux autres enfants plus grands et debout, vêtus d'une robe courte ou casaque, les pieds chaussés et les jambes prises dans des bas-de-chausse. Celui de droite tient une banderole avec l'inscription : S. GVESNEC. Celui de gauche : S. JACVT.

La Sainte est vêtue d'une robe longue, par-dessus laquelle est un autre vêtement plus court dont le bas est orné d'une bordure de pierreries et d'une frange formée de glands triangulaires.

Une particularité de cette statue, c'est qu'elle a le corsage ouvert pour laisser voir ses trois mamelles : deux petites inférieures, et au-dessus, une plus grande sur laquelle elle pose sa main droite.

A la chapelle du château de Lesven, en Plouguin, où a, dit-on, habité Sainte Guen avec le comte Fragan son époux, existe un tableau avec une représentation analogue.

6° — A l'angle du transept Sud, statue de Sainte Marguerite.

7° — Notre-Dame de Bonne-Nouvelle.

8° — A l'autre angle du même transept, Saint Antoine ermite.

9° — Notre-Seigneur sortant du tombeau.

Quelques débris de vitraux attestent qu'autrefois les fenêtres

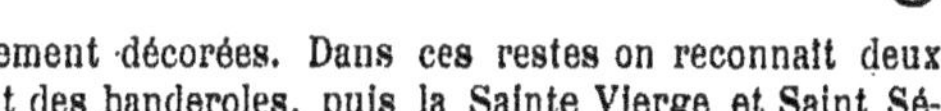

étaient richement décorées. Dans ces restes on reconnaît deux anges tenant des banderoles, puis la Sainte Vierge et Saint Sébastien.

A 25 ou 30 mètres de l'abside de la Chapelle, du côté Sud on descend à la *Fontaine monumentale de Saint-Vennec*, un des plus jolis édifices du XVI° siècle qu'on trouve dans cette région. Elle est accostée de deux élégantes pyramides gothiques portées par des colonnettes à torsades et à losanges. Au fond, une petite niche renferme une statue de Saint Vennec, armé en guerrier, revêtu d'un manteau, portant un casque sur sa chevelure opulente, tenant de la main droite une épée nue et de la gauche un livre ouvert.

Saint Vennec, que quelques-uns identifient avec Saint Cadvan ou Cadouan, patron de Poullan, d'une Chapelle ruinée en Brasparts et de la Chapelle de Saint-Cavan en Plougerneau, a été l'objet d'une longue étude de la part de M. Le Men, archiviste, dans un mémoire paru au *Bulletin archéologique du Finistère* (année 1875, page 104 et suivantes). Le Rév. Baringoul croit que Saint Cadvan serait différent de Saint Vennec, et serait né d'un second mariage de Sainte Guen.

Si la fin de votre visite coïncide assez bien avec l'heure du passage d'un train, vous pourriez rejoindre la gare de *Quéménéven* distante de 2 kilomètres. Autrement retournez à Quimper par le même chemin que vous avez déjà fait, ou bien prenez la vieille route, que vous trouverez à main droite un peu avant d'arriver à *Quilinen*; ce trajet vous réservera encore d'agréables surprises.

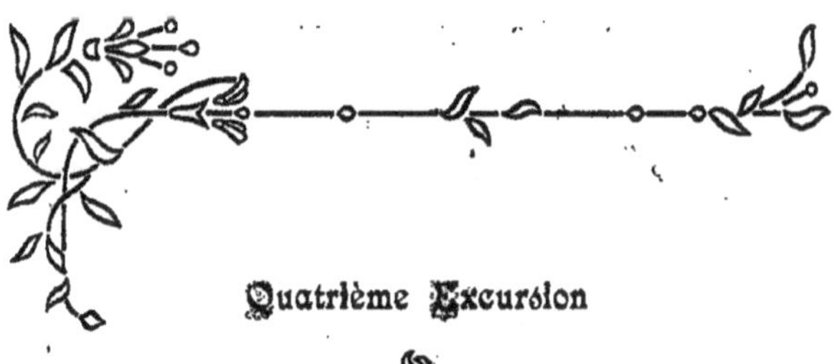

PLOGONNEC — SAINT-THÉLEAU — LOCRONAN — KERLAZ — LE RIS — LE JUCH — GUENGAT.

Distance : ENVIRON 50 KILOMÈTRES.

(Cette Excursion devra prendre toute une journée.
A Locronan, on trouve un excellent hôtel, genre
ancien ; on y déjeune parfaitement.)

On sort de *Quimper* par la *place de Locronan* et la *rue de la
Providence ;* bientôt on passe à *Pontigou,* au *Moulin-Vert,* près
de *Kergolvez,* et l'on ne tarde pas à dominer à droite, la *vallée
du Stéïr* et le *moulin de Trohéïr,* tandis que l'on découvre
devant soi les hauteurs boisées de *Kistinic* que l'on va longer
pendant 2 kilomètres. Après avoir passé sous la ligne du chemin
de fer de Douarnenez et avoir quitté le cours du Stéïr, on com-
mence la montée de la *côte de la Lorette* qui durera près
d'une lieue et qui vous mènera à une altitude de 154 mètres,
mais quel dédommagement lorsque, à certains points, on se
retournera pour admirer les horizons que l'on a derrière soi, et
ce vaste cirque formé par la rencontre de trois ou quatre petits
vallons avec celui du ruisseau de Guengat. Avant d'arriver à
Plógonnec on a encore d'autres échappées sur le versant Sud de
la *montagne de Locronan* et sur le *bois du Duc ;* puis le *clocher*
de Plogonnec apparaît dans sa curieuse silhouette, couronné de
dômes et de lanternons superposés, escorté de deux tourelles
latérales terminées également par des dômes plus trapus.

Et quand on entre dans le *bourg ;* cette architecture aérienne se
combine avec les riches pignons de l'abside, le porche Midi, les
fenêtres des façades latérales et le petit *arc de triomphe* de

l'entrée, et l'on n'est point surpris de voir des officiers en

PLOGONNEC. — Église et clocher.

manœuvre, passant à cheval, prendre un croquis rapide sur leur carnet de poche, de ce spécimen étrange de l'art breton.

Reportons-nous près du clocher et voyons-le sur ses différentes

façades, pour le mieux étudier ; passons en revue tout spéciale-
ment les nombreuses inscriptions qui y sont gravées.

Dans le tympan de la porte principale, sous la statue de
Saint Turiau, patron de l'Église :

IHS : MR
TV TVRIAVE TVAM TVRRIM TEMPLVMQVE TVERE
NE NOCEANT ILLIS TELA TRISVLCA IOVIS

O Saint Turiau, garde ta tour et ton église, défends-les bien contre la foudre.
(Contre les traits d trois pointes de Jupiter)

Est-ce assez tourmenté, est-ce recherché ?

Voyez chacun des mots des premiers vers commençant par
un T, comme le nom du Saint patron. Il a dû être fier de cette
trouvaille, l'auteur probable de ce distique, le bon recteur René
Seznec, dont nous allons trouver le nom.

Sur la joue du contrefort voisin, à droite, à mi-hauteur de la porte :

M. RENE : SEZNEC : RECTEVR : 1657
H. LE. PORHEL. E. R. GVENN. FF. 1657.
D. CHARLES. KRESTRO.

Façade du clocher, plus haut que la niche de Saint Turiau, sur un
cartouche :

M. YVES : CVZON. F. DE. KERIACOB.

Côté Sud ; sur la tourelle, en bas :

JACQ : ET : FRANC. LE. DOARE. DE. BOTEFELEC. PF. 1658.

Plus haut :

M. LE. HENAF. E. GVILL. LE. HENAF. E. Y. GVEZENNEC. F. 1660.

Sur la galerie ou balustrade de la chambre des cloches :

BERNARD. AMER. GVILL.... 1661.

Sur le porche :

H. KERNALEGVEN. FAB. 1581.

A l'intérieur de l'Église il n'y a que deux statues anciennes :
Saint Herbot et Saint Maudet ; cette dernière seule a vraiment du
style et de la noblesse. A côté, dans un cadre en bois sont réunis
plusieurs panneaux de peinture retraçant sa légende, et qui
formaient autrefois les volets de sa niche à armoire.

Mais si l'édifice est pauvre en statues anciennes, on peut du
moins y admirer de *vieux vitraux* dont trois ont été restaurés
par les soins de la Commission des Monuments historiques.

La maîtresse-vitre retrace des scènes de la Passion.

Celle du fond du bas-côté Nord : Sainte Madeleine. — Sainte-Vierge

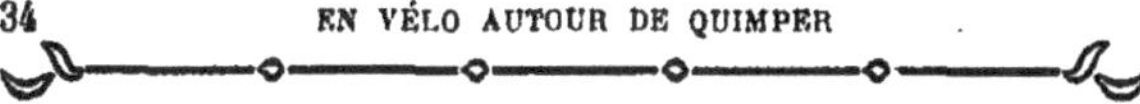

assise avec l'Enfant-Jésus. — Sainte Catherine. — Grande scène de la Transfiguration.

Fenêtre du bas-côté Sud : Saint Michel et un chevalier donateur. — Sainte Barbe, châtelaine donatrice. — Grande scène du Jugement dernier.

Dans la fenêtre du transept Nord sont différents panneaux disparates, dont quelques-uns doivent provenir de la Chapelle de Saint Theleau : Saint Nicolas, dans un navire. — Saint Evêque, Saint Eloi ferrant le pied d'un cheval. — Saint Edern sur un cerf. — Garde endormi au pied du tombeau de N.-S. — Saint Théleau, en chape et en mitre, à cheval sur un cerf. — Un Saint Evêque. — N.-S. ressuscité. — Ermite ou pélerin sonnant une cloche, probablement Saint Gildas ou Saint Cado. — Dans le tympan, des anges.

Les qualités de ces vieux vitraux ne devront pas vous empêcher de remarquer et d'étudier deux vitraux modernes qui retracent les légendes de Saint Thuriau et de Saint Trégonnec, et sont d'une excellente composition et d'une très bonne facture.

Saint-Théleau. — Si vous êtes vraiment curieux de monuments bretons, il faut aller voir la *Chapelle de Saint-Théleau,* située à 2 kilomètres du *bourg ;* mais il faut y aller à pied, à cause du mauvais état des routes et des sentiers, même il sera nécessaire de prendre quelque enfant pour vous guider, car seul vous n'y arriveriez jamais.

Saint Théleau était évêque de Landaff, dans le pays de Galles et le *Liber Landavensis* donne longuement son histoire. Pour échapper à la peste qui désolait son pays, il passa dans la petite Bretagne avec ce qui restait en vie de ses diocésains, et séjourna chez le comte Budic, son beau-frère. Il traversa ensuite cette région pour se rendre à Dol chez son maître Saint Samson. C'est ce qui explique son culte à Plogonnec, à Landeleau et à Saint-Thélo dans les Côtes-du-Nord.

Sa Chapelle de Plogonnec a un portail Ouest très riche, avec porte à ciselures et sculptures, galerie haute, deux tourelles découronnées, joli clocher à jour avec clochetons et lucarnes d'un travail très original. Contre la belle tourelle du Sud est une inscription qui donne la date de 1544.

Les portes donnant sur le côté Midi sont aussi bien ornementées et sur le placitre se dresse un *vieux Calvaire* avec quelques statues mutilées.

A l'intérieur de la Chapelle on peut remarquer un banc de pierre qui règne autour des transepts.

Au retable du maître-autel est un *bas-relief* très artistique représentant Saint Théleau en chape, mitre et crosse, à cheval sur un cerf qui court à toute vitesse vers un château situé sur une haute montagne. — C'est un épisode de la légende du Saint.

Les statues en vénération sont : Saint Théleau. — Saint Méen. — Notre-Dame-de-la-Pitié. — Saint Sébastien. — Saint Aller (Saint Eloi), représenté en costume de garçon maréchal, avec tablier de cuir et bonnet à retroussis ; il ferre un pied de cheval, qu'il a coupé préalablement, pour faciliter l'opération. C'est aussi un trait de sa légende populaire.

◇ ◇ ◇ ◇ ◇

LOCRONAN. — La perfection, en quittant Saint-Théleau, serait de rejoindre *Locronan* par les petits chemins creux et les sentiers qui mènent au haut de la *montagne de Plas-ar-c'horn,* ce serait l'occasion de voir des aspects très beaux sur le pays, mais ce n'est pas pratique pour vous ; vous avez laissé votre véhicule au bourg de Plogonnec, il faut donc y retourner et gagner Locronan par la grand'route.

Dès que, après avoir passé la petite futaie de *Gorréquer,* vous serez en vue du clocher, arrêtez-vous, entrez dans le champ voisin à droite, ou montez sur un talus à gauche, et contemplez le tableau qui se présente subitement devant vous : la grosse tour carrée, accompagnée d'un petit clocher svelte et effilé, dominant une vaste église et toute une villotte aux vieilles maisons grises, évoquant les siècles lointains ; à l'Est, une lourde croupe de montagne, toute voisine ; au Nord, la chaîne bleue et le mamelons du *Ménez-Hom ;* à l'Ouest, le vaste bassin de *Plonévez-Porzay,* puis la *baie de Douarnenez* encadrée par les *côtes de Telgruc* et de *Crozon* et au loin par la *Pointe-de-la-Chèvre.* J'ai entendu plus d'une fois des cris d'enthousiasme devant ce spectacle grandiose.

C'est devant cette admirable nature que Saint Ronan, venu d'Irlande, établit son ermitage à la fin du IVe siècle ; et après qu'il eût passé les dernières années de sa vie à Hillion, dans le pays de Saint-Brieuc, c'est là que son corps fut ramené d'une façon providentielle, pour être enseveli dans son oratoire, qui a conservé depuis le nom de *Pénity*, ou maison de pénitence.

Sans doute cet oratoire primitif a du être promptement remplacé par un édifice plus vaste et plus digne ; puis, au XI⁰ siècle, le duc Alain Canihart, en reconnaissance d'une victoire remportée dans le voisinage et par l'intercession du Saint Pontife Ronan, reconstruisit son Église et la dota de nouvelles possessions et de nouveaux privilèges.

Des constructions romanes d'Alain Canihart il ne reste rien. La grande et belle Église que nous admirons maintenant est toute entière du style gothique flamboyant, et nous devons l'attri-buer aux dernières années du XV⁰ siècle et aux premières du XVI⁰, puisque les travaux y étaient menés en 1485 par Pierre Le Goaraguer, qui avait travaillé précédemment, en 1477-1479, au transept Nord de la Cathédrale de Quimper.

L'*Église* de Locronan est comme une petite cathédrale, et certaines villes épiscopales seraient flères de posséder un édifice si noble et si beau. Au pied de la grosse tour, sur la façade Ouest, est le grand porche d'entrée qui s'ouvre sur la place par une large arcade et donne accès dans l'église par une double porte à plein-cintre. Un peu plus haut, à droite, on se trouve en face d'un second porche ou du moins d'une porte monumentale et très ornementée, qui forme l'entrée du *Pénity* ou Chapelle du tombeau de Saint Ronan. Contournons cette Chapelle et faisons le le tour de toute l'église ; examinons de plus près le *joli clocher du Pénity,* les fenêtres à meneaux flamboyants, les contreforts surmontés de pinacles, les galeries qui longent le bas des toitures, le clocher central, la belle disposition de l'abside droite avec la maîtresse-vitre à six baies ; puis sur le côté Nord on pourra observer une ingénieuse petite fenêtre éclairant la sacristie haute et un petit porche très original, dont la porte centrale est accostée de deux fenêtres géminées.

En pénétrant à l'intérieur on trouve une belle ordonnance de piles avec colonnettes, séparant la nef des bas-côtés, et tout l'édifice est recouvert de voûtes avec nervures, ce qui n'a lieu chez nous que pour les églises de premier ordre.

Les deux premières travées du bas-côté Sud s'ouvrent sur la *Chapelle du Pénity*, longue de 16 mètres et large de 5 m. 70. C'est au milieu de cette chapelle que se trouve le *tombeau de Saint Ronan*, et au-dessus de ce tombeau est un monument qui fut érigé soit par la Duchesse Anne, vers 1505, soit vingt ans plus tard par sa fille, Renée de France, qui devint Duchesse d'Este et de Ferrare. Ce monument en pierre de Kersanton consiste en une table sur laquelle est couchée la statue du Saint, représenté en habits pontificaux, la mitre en tête et la crosse dans la main gauche, foulant aux pieds un animal monstrueux. La table est élevée de 1 mètre au-dessus du sol et supportée par six pilastres auxquels sont adossés des anges tenant des livres et des écussons.

Une des fenêtres de cette Chapelle du Pénity a conservé sa vieille verrière ; une autre fenêtre a reçu une verrière moderne ayant trait à Jeanne-d'Arc ; la maîtresse-vitre de l'église contient dix-huit scènes de la Passion.

Comme statues remarquables dans l'Église il faut signaler celles de Saint Ronan et de Saint Corentin, aux deux côtés du maître-autel ; celle de Saint Roch, portant la date de 1509 et, au Pénity, une grande statue en pierre, de Saint Michel, tenant une balance pour peser les âmes. Il faut indiquer en outre l'autel du Rosaire avec ses colonnes torses et la chaire à prêcher représentant, en huit ou dix bas-reliefs, différents épisodes de la vie de Saint Ronan.

En sortant de l'Église, examinons bien la *grande place* avec son *puits central* et ses *maisons bourgeoises* du XVI⁰ et du XVII⁰ siècle. Puis parcourons les différentes ruelles qui composent cette ville déchue, autrefois opulente et florissante par la fabrication et le commerce de la toile à voile, dont elle alimentait Douarnenez et Brest. Descendons enfin la petite·rue étroite et longue qui conduit à la chapelle de Notre·Dame de Bonne-Nouvelle et à la *fontaine* dont elle partage le vocable avec Saint Eutrope qui avait autrefois aussi son église à Locronan. Sur cette fontaine on lit cette inscription :

VEN. ET. DISC. MISSIRE. MATHVRIN. SENE. V. PPL (vicaire perpétuel). I. CONAN. MARCHAND. DE. TOILE. LAN. 1698.

Pour terminer, il faudrait faire l'ascension de la montagne, et si le temps est clair, vous pourrez apercevoir par-dessus *Saint-Nic* et *Argol*, les hauteurs de *Plougastel-Daoulas* et le *clocher de Saint-Martin de Brest*. C'est sur cette montagne que se rend, après un parcours de 10 kilomètres, la procession historique de la *Grande Troménie*, qui a lieu tous les six ans, en mémoire du parcours que faisait chaque semaine Saint Ronan, pendant sa vie d'ermite, pour chasser les loups hors du pays. Au presbytère on trouve une belle *notice* de M. le Chanoine THOMAS, sur la vie de Saint Ronan et la Troménie.

KERLAZ. — Un parcours de 5 kilomètres sur la *route de Douarnenez*, et vous êtes à *Kerlaz*.

Elle est toute modeste cette *Église* de village, dédiée à Saint Germain d'Auxerre, et cependant elle a un petit air pimpant avec son clocher gothique, accompagné de deux tourelles aux pyramides aiguës, avec son joli porche gothique et l'*ossuaire* qui l'avoisine, sans compter le petit *arc de triomphe*, daté de 1558, qui forme l'entrée du cimetière.

Le clocher porte la date de 1660, la tourelle Sud celle de 1671. A l'intérieur du porche on lit en lettres gothiques le nom de *Philibert*. Sur le socle de l'*Ecce-Homo*, dans le transept Sud, est la date de 1569 ; aux fonts baptismaux, 1567 ; sur la croix du cimetière : HIEROSHE. LE. CAROF. 1645.

Les statues anciennes sont : Notre-Dame. — Saint Germain. — Saint Michel. — *Ecce-Homo*. — Saint Even.

LE RIS. — Ce n'est pas un monument, c'est un vallon, c'est une *plage* où vous descendez par une pente douce de deux petits kilomètres. Depuis quelques années on y a construit trois ou quatre villas ; mais dix-sept ou dix-huit siècles avant nous, les Romains avaient apprécié la beauté de ce point exceptionnel. Derrière l'auberge du *Grand-Ris* il a été trouvé, en 1895, des substructions considérables d'une habitation gallo-romaine ; dans les petites dunes qui séparent la grand'route du bord de la plage

se voient encore des restes de maçonnerie et des tuiles à rebord,
sans compter ce qui a été bouleversé ou couvert par le remblai
de cette route. C'est là, en effet, une situation admirable en face
de cette si riante baie de Douarnenez ; puis il y a le sable si fin
et si uni de la plage, et les excursions le long des falaises
voisine. Il faut dire que toute la baie est bordée de vestiges de
l'occupation romaine, mais aucun autre point ne pouvait être
mieux choisi que ce vallon si paisible et si calme.

LE JUC'H. — Maintenant il faut monter une partie de la côte,
et quoique nous ne soyons qu'à 1 kilomètre de *Ploaré*, nous ne
devons pas y aller aujourd'hui ; il faut réserver cette excursion
pour la journée donnée à *Douarnenez* et à ses environs. Prenons
la première route à gauche et dirigeons-nous vers *Le Juc'h*, en
suivant le vallon sur un parcours de 5 kilomètres. Alors nous
apparaît un haut mamelon, se dressant à côté de la ligne du
chemin de fer, et tout à côté une Église élégante et un joli clocher
ajouré. C'est sur ce mamelon que se dressait autrefois le château
des Seigneurs du Juc'h, dont l'un combattait à la Mansourah et y
implorait le secours de sa puissante patronne : « *Nostre-Dame du
Juc'h à nostre ayde* ».

L'*Église* mériterait une assez longue monographie, force nous
est d'abréger : Abside entourée de contreforts couronnés de
lanternons ; sur la façade Sud, porche gothique de la fin du
XV⁰ siècle. — Façade Ouest, clocher ajouté de toutes pièces,
après coup, en faisant une tranchée dans cette façade ; ce clocher
porte la date de 1700.

A l'intérieur, ce qui frappe surtout c'est la grande hauteur des
piliers et des arcades de la nef, la belle disposition du sanctuaire,
où une petite galerie à balustres, garnie de lions dans les angles,
semble défendre le maître-autel. De chaque côté les deux belles
statues de Notre-Dame du Juc'h et de l'Ange Gabriel sont logées
dans des niches à volets dont les panneaux sont ornés de peintures dans le genre des primitifs et retracent des scènes de
l'histoire de la Vierge et de l'enfance de Notre-Seigneur emprun-

tées à la *Légende dorée*. Il y a en plus, à l'entrée du chœur, un

Le Juc'h. — Église paroissiale.

Saint Michel terrassant le dragon. La maîtresse-vitre retrace la
scène du cruciflement.

Dans la Chapelle latérale, à côté du porche, est un autel en granit avec cariatides sculptées et un médaillon ovale encadrant le buste de la Sainte-Vierge.

Aux *fonts-baptismaux* on voit un *foyer de cheminée*, comme on en trouve dans un certain nombre d'églises du pays, et notamment à Guengat, Gourlizon, Ploaré, Pont-Croix, pour ne citer que celles du voisinage. De tous côtés, sur les murs tant à l'intérieur qu'à l'extérieur, sont gravées des inscriptions et des dates.

Monter sur le petit monticule voisin pour reconnaître les traces de l'*ancien château du Juc'h* et contempler ce vallon, avec les bois et les mamelons qui l'entourent.

GUENGAT. — Du Juc'h jusqu'à *Guengat*, cinq kilomètres par un chemin tourmenté, mais non dépourvu d'intérêt. L'*église* a un aspect vieillot, quoique ne datant que du commencement du XVI° siècle. Au côté Sud est un *ossuaire* à deux baies, avec l'inscription :

1557. Respice Finem, pensez à votre fin dernière.

Puis un porche dans le genre des constructions du gothique flamboyant, surmonté d'une chambre éclairée par une fenêtre s'ouvrant sur la façade ; plus loin, trois grands pignons dont deux ont été restaurés après les dégâts occasionnés par la chute du clocher. A l'abside, le pignon du fond de la nef est de grand effet, avec ses contreforts et sa large fenêtre à six baies. A l'intérieur on trouve un plan fort original et très irrégulier.

Quelques vieilles statues, d'excellent style y sont conservées : Sainte Barbe, Sainte Catherine, Sainte Marguerite, Saint Michel, un Christ en croix, entre la Sainte-Vierge et Saint Jean.

Il y a aussi des *vitraux anciens* qui mériteraient une étude détaillée.

La maîtresse-vitre, datée de 1571, retrace des scènes de la Passion. La fenêtre au-dessus de l'autel Sud a, dans ses trois baies : Saint Michel, Notre-Dame assise, portant l'Enfant-Jésus, Saint Jean-Baptiste. Celle au-dessus de l'autel Nord contient des sujets n'ayant pas de lien entre eux : au bas, des panneaux pris à une scène du Jugement dernier ; au milieu,

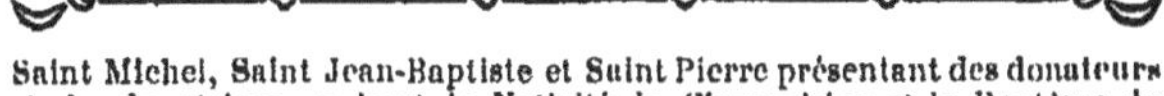

Saint Michel, Saint Jean-Baptiste et Saint Pierre présentant des donateurs
et des donatrices, au haut, la Nativité, la Circoncision et le Baptême de
Notre Seigneur.

La fenêtre du bas-côté Sud a quelques panneaux du XVᵉ siècle, provenant par conséquent d'une église antérieure ; mais tous ces sujets sont
sans rapport les uns avec les autres ; ils sont cependant fort intéressants
à étudier.

Dans le *cimetière* est un *calvaire* assez curieux, mais la croix
qui le surmonte est moderne et sans concordance de style avec le
petit monument.

GUENGAT. — Église

Dans le *bourg* on peut voir quelques *vieilles maisons* du
XVᵉ ou du XVIᵉ siècle, et pour retourner à Quimper on peut
prendre le chemin de *Saint-Alouarn,* où l'on verra quelques
beaux restes de cet ancien château.

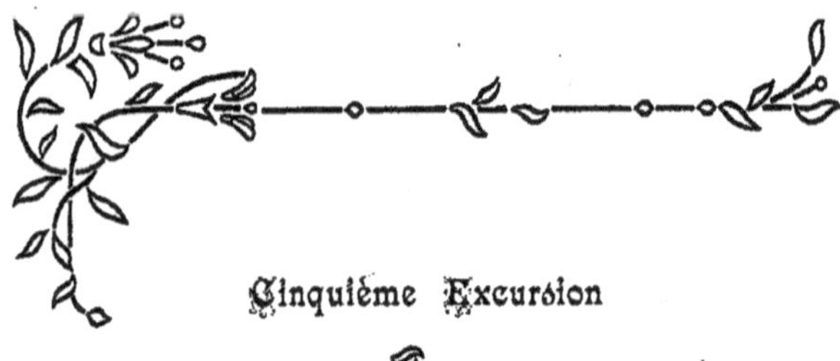

BÉNODET — PERGUET — FOUÉSNANT — BEG-MEIL — LA FORÉT.

Distance : 60 Kilomètres.

S'il vous était possible de faire la traversée de Quimper à Bénodet par la rivière, vous feriez un trajet comparable à la descente de la Rance. Pendant la saison d'été, le *Terfel,* petit bateau automobile, fait le service presque tous les jours. Vous verriez la *baie de Lédanou,* les *virecourts,* la *Chaise de l'Evêque,* des bords escarpés et boisés, des rochers, des prairies, des châteaux et des manoirs, des surprises se renouvelant à chaque tour d'hélice de votre esquif, à vous faire regretter d'aller trop vite.

Si vous prenez la route de terre, vous trouverez encore quelques beaux sites à admirer et quelques horizons. Après avoir laissé à votre gauche la *route de Fouesnant,* juste à l'embranchement de *Clohars,* vous avez, au bord du chemin, la *Chapelle* et la si jolie *fontaine de N.-D. du Drenner.* Arrêtez-vous un instant pour admirer son édicule gothique dominé par un *petit Calvaire,* sa niche abritant une vieille statue de Notre-Dame de Pitié.

Puis vous arrivez à *Bénodet.* (1)

C'est un petit port bien plaisant, à l'estuaire de la rivière de Quimper ; c'est un but de promenade cher aux Quimpérois, aux dimanches de la belle saison. Si bon nombre de villas y ont été construites depuis quelques années ; si quantité d'étrangers y sont attirés par la douceur du climat et la beauté de la plage ; si des célébrités variées et un peu hétérogènes y ont fait des villégiatures, Sarah Bernhardt, Zola, Briant, Viviani, etc , bien des

____

(1) *Penn-Odet,* tête ou embouchure de l'Odet.

siècles à l'avance les Gallo-romains fortunés les y avaient précédés, et nous trouvons les traces de leurs établissements au bout de la *plage* ou du *Tres* ; au *village du Rû*, où se trouvait la *Chapelle de Saint-Gilles* ; dans l'*anse de Groasquen*; puis encore en abondance sur l'autre rive, à *Sainte-Marine*, à *Kerobeslin* et dans toute cette pointe de terre.

Moins de soixante ans après la canonisation de saint Thomas de Cantorbéry, qui eut lieu le 21 février 1173, une chapelle fut bâtie en son honneur et sous son vocable à Bénodet et érigée en prieuré dépendant de l'abbaye de Daoulas, en 1231. De cet édifice du XIIIe siècle nous trouvons encore une partie remarquable dans le chœur

CLOHARS-FOUESNANT. — Fontaine du Drennec.

de l'église actuelle, avec faisceaux de colonnettes appliquées aux murs, chapiteaux, fenêtre géminée surmontée d'une rose à six lobes.

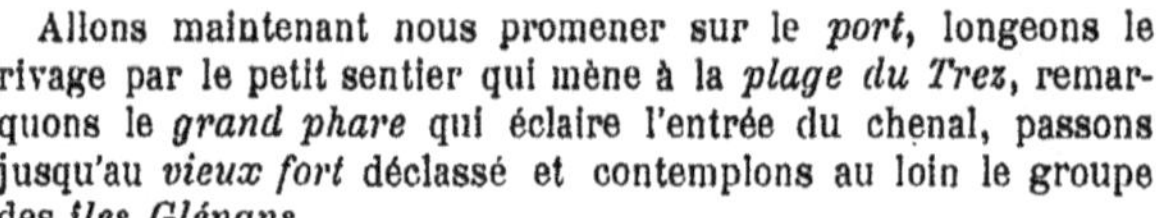

Allons maintenant nous promener sur le *port*, longeons le rivage par le petit sentier qui mène à la *plage du Trez*, remarquons le *grand phare* qui éclaire l'entrée du chenal, passons jusqu'au *vieux fort* déclassé et contemplons au loin le groupe des *îles Glénans*.

* * * * *

PERGUET. — A moitié *route de Fouesnant* se trouve la *Chapelle de Perguet* qui était autrefois l'église paroissiale dont dépendait Bénodet. Il faut s'arrêter pour l'examiner un peu ; c'est un de nos rares monuments romans ; extérieurement on peut reconnaître ce style dans le côté Nord, où il est fort bien indiqué par le petit appareil de la maçonnerie et surtout par les petites fenêtres hautes, taillées en meurtrières. Ce caractère apparaît moins dans la façade Ouest ; quant au côté Midi, il a été complètement remanié par l'adjonction d'un joli ossuaire, un porche et un transept au XVI° siècle. Le petit clocher central doit être de la même époque et on peut y lire cette inscription :

1595 — D : IAN : RISTEN : CVR — CARADEC

Dans le *cimetière* est une croix de granit, avec la statue de Saint Laurent adossée au fût. Tout cela forme un ensemble pittoresque avec les grands arbres qui encadrent et surtout un vieil if tout tordu et tout bossué, âgé au moins de trois ou quatre siècles.

En pénétrant à l'intérieur de l'église, on trouve une architecture réellement saisissante dans les arcades de la nef et l'arc triomphal formant l'entrée du chœur. Les trois travées du Nord sont imposantes et correctes, mais rustiques, avec leurs piles carrées dépourvues de tailloirs, leurs arcades à claveaux serrés et réguliers ; au côté Midi on trouve le même tracé, mais sur les piles prennent naissance des colonnettes à base et chapiteaux sculptés, et de ces chapiteaux partent des arcs formerets encadrant fort élégamment les petites baies percées dans le mur.

On pourra remarquer, dans le bas-côté Nord, un petit foyer pratiqué au XVI° siècle tout près des anciens fonts baptismaux.

Dans la maîtresse-vitre on voit un crucifiement avec une Sainte-Face et les armes suivantes :

1° *De sable à l'aigle éployée d'argent*, qui est Fouesnant ;
2° *D'azur au griffon d'argent.*

Donner un coup d'œil aux vieilles statues et à un tableau de la Sainte-Famille.

FOUESNANT. — L'*église de Fouesnant* est aussi romane, du moins à l'intérieur, car l'extérieur a été cruellement remanié et dénaturé. Pénétrons-y donc et faisons une sérieuse inspection des hautes piles de la nef, avec leurs colonnettes et leurs chapiteaux si variés, puis des arcades, au-dessus desquelles s'ouvrent de petites baies évasées, dant l'ouverture extérieure est étroite comme une meurtrière. Ces arcades se compliquent dans le transept, et cette partie de l'édifice est réellement monumentale.

BEG-MEIL (Pointe du Moulin). — C'est une *plage* fort à la mode depuis quelques années, et cette vogue est vraiment méritée. Arrêtez vous aux premiers hôtels et poussez jusqu'à la *cale.* Vous avez devant vous l'entrée de la *baie de La Forêt,* puis, au-delà, la *ville de Concarneau.* Avancez sur le sable, à gauche : c'est une végétation abondante et puissante. des arbres qui trempent leurs racines et leurs branches dans la mer, à l'heure de la marée ; ce sont des masures en ruines qu'un propriétaire, ami du pittoresque, refuse de vendre et de restaurer ; ce sont des falaises qui s'éboulent. des grottes et des tunnels qui se creusent, puis apparaissent d'élégantes villas entourées de fleurs et de verdure, et ayant devant elles un admirable panorama.

Après avoir reposé nos yeux sur ce tableau, prenons l'un des deux chemins qui mènent à la pointe ou aux dunes. Bientôt apparaîtra devant nous *l'immense hôtel,* grande boîte carrée qui domine tout ce plateau sablonneux. Si le premier aspect est peu artistique, nous serons bientôt détrompés par les jolies végétations qui l'entourent et qui lui forment un cadre riant. Puis, à l'intérieur, dans la grande salle à manger, c'est un *véritable musée*, c'est une exposition permanente de l'œuvre complète d'un de nos grands peintres bretons : c'est une série de peintures murales où M. Deyrolle a reproduit les principaux tableaux de scènes bretonnes, qui ont fait sa renommée et sa fortune d'artiste.

Devant vous c'est la grande mer, l'Océan sans limite. Marchez, courez sur ces dunes, sur ces monticules de sable où pousse une herbe rose, aspirez l'air salin qui dilate si bien vos poumons, comptez les bateaux de la flotille de Concarneau qui pêchent dans les parages des Glénans, ou s'en vont du côté de *Loctudy* ou de *Penmarc'h*. Puis allez faire un tour vers la pointe extrême, par le *corps de garde* et le *grand menhir ;* vous reverrez *Concarneau*, la longue *côte de Trégunc* et la *pointe de Trévignon*. J'espère que l'on peut passer à Beg-Meil de longues heures sans s'ennuyer, car l'aspect de la mer est si attrayant et si reposant.

LA FORÊT-FOUESNANT. — Si vous vous êtes trop attardé au bord de l'eau, il faudra peut-être retourner directement à Quimper ; mais si vous avez quelques heures devant vous, revenez par le *bourg de La Forêt*.

Est-elle jolie à marée haute, l'*anse de La Forêt !* Elle est à moitié fermée par le sillon du *Cap-Coz ;* mais par-delà vous découvrez la baie et tout un vaste horizon. Et la végétation qui sert de cadre à ce lac paisible ! c'est le pays des grands châtaigniers et des riches pommiers ; des vergers s'étendent sur toutes les pentes, des jardins fleurissent, les fruits mûrissent et se dorent dans ce climat enchanté. La *vieille église* fait bien au bord de ce grand miroir où elle se reflète ; voyez-la avec son petit porche Ouest, son clocher porté sur un encorbellement feuillagé, son joli *calvaire* entouré de clochetons gothiques surmontés de statues.

A l'intérieur il faut voir le *baldaquin des fonts baptismaux,* daté de 1628 ; le petit retable du maître-autel orné de colonnettes torses, de statuettes et de médaillons, quelques bonnes vieilles statues et surtout le grand tableau du Rosaire au bas duquel sont le roi Louis XIII, la reine et plusieurs personnages de la Cour. Au milieu, dans le lointain, est représentée la bataille de Lépante, ou bien plus probablement la prise de La Rochelle en 1628.

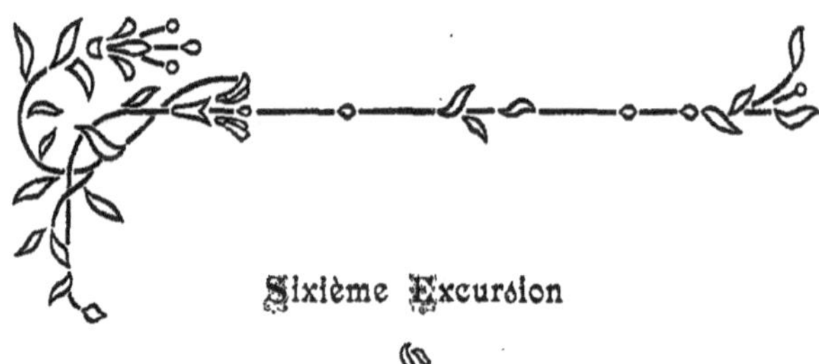

KERDÉVOT — STANG-ALAR — POINTE DE GRIF-FONÉS — LES JUSTICES.

Si vous désirez réellement connaître tous les monuments d'architecture et les richesses d'art des environs de Quimper, il ne faut pas omettre d'aller jusqu'à *Kerdévot*, chapelle de grande dévotion en *Ergué-Gabéric*. — Prendre le chemin qui passe à la *gare* et traverser la ligne du chemin de fer au passage à niveau de l'*Eau-Blanche*.

Kerdévot est une vaste chapelle gothique de la fin du XV° siècle, avec clocher reconstruit en 1702, belles fenêtres flamboyantes, grande maîtresse-vitre conservant quelques restes de vieux vitraux, colonnes et arcades très élancées, vieilles statues, sacristie recouverte d'une toiture en forme de carène renversée, *calvaire* gothique entouré de niches et flanqué de contreforts aux angles.

Mais ce qui fait la richesse de ce monument, c'est le *retable* précieux qui surmonte le maître-autel. Ce retable est un travail flamand, provenant des ateliers d'Anvers, dont chaque pièce porte l'estampille : une main coupée, gravée au fer chaud. Cet ouvrage de sculpture a beaucoup d'analogie avec un autel de la cathédrale de Rennes, et un autre que l'on voit à Saint-Germain-l'Auxerrois, à Paris. Il est plus important et plus parfait que les spécimens du même genre exposés au musée de Cluny et au musée Aubrée, de Nantes.

L'ensemble de l'œuvre se compose de quatre panneaux, trois inférieurs et un supérieur : 1er la Nativité de l'Enfant-Jésus ; 2e le Trépassement de Notre-Dame ; 3e ses Funérailles ; 4e son

Couronnement au Ciel. Les deux autres, ajoutés après coup, pour compléter le carré, sont du commencement du XVII° siècle et ont tous les caractères du style Louis XIII.

Il est nécessaire d'analyser rapidement chacune de ces scènes :

1er *Panneau :* — **Nativité.**

L'enfant Jésus est étendu à terre sur un pan du manteau de la Sainte Vierge. Celle-ci est à genoux, les mains jointes et la tête penchée, en adoration et en contemplation devant son divin fils qui vient de naître. Ses cheveux, divisés en tresses nombreuses, descendent sur ses épaules et jusqu'à ses reins ; elle est couverte d'un manteau très ample dont les bords s'étalent sur le sol. La bordure de ce manteau est composée d'une inscription gothique, en lettres d'or sur fond vermillon et donnant le texte de la salutation angélique : AVE. MARIA. GRATIA. PLENA. DOMINUS. TECUM.

De l'autre côté de l'Enfant-Jésus, Saint Joseph, appuyé sur un bâton, enlève son chapeau de la main droite et s'apprête à s'agenouiller devant l'Enfant dont il sera le père, le nourricier et le gardien. Il est vêtu d'une robe longue et d'un manteau, et porte au côté une escarcelle.

Près de l'Enfant est agenouillé un petit ange vêtu d'une robe et d'une dalmatique. Sur le premier plan, à droite, un berger jouant de la cornemuse, instrument semblable à nos binious bretons. Sur le col de son capuchon on lit aussi les paroles de l'*Ave Maria.* Son expression de ferveur et d'entrain est admirable ; et il faut remarquer encore le style de ses chaussures et de ses jambières ou molletières qu'on retrouve dans plusieurs statues de la région.

En face de ce berger musicien, de l'autre côté, derrière la Sainte Vierge, est une femme portant une lanterne. Son costume est riche ; les manches très courtes de son corsage, terminées par des franges, laissent échapper des manches longues aux plis très amples, sous lesquelles on en remarque d'autres très étroites qui serrent les poignets. Sa tête est couverte d'une coiffure semblable à un turban, retenue par un ruban formant mentonnière, noué sur le sommet du chef et retombant sur le dos.

Dans l'arrière-plan, séparés des personnages principaux par une petite clôture en osier tressé, sont trois bergers dont l'un joue de la musette, le second porte une houlette, le troisième a une main élevée et l'autre posée sur la claie en osier. Les deux premiers sont coiffés de chapeaux, le dernier d'un capuchon pointu. Ces personnages, par leurs gestes et leur expression, semblent s'entretenir du mystère dont ils sont les témoins. Un cinquième berger, encapuchonné aussi, débouche par une arcade derrière Saint Joseph.

Le bœuf est tout près de l'Enfant-Jésus, à côté de Saint Joseph ; l'âne est plus loin, derrière la femme à la lanterne. La moitié de cette scène est abritée par une toiture délabrée portée sur quelques frêles piliers, et dont on voit la charpente à nu.

2e *Panneau :* — **Trépassement de Notre-Dame.**

La Sainte Vierge est étendue sur sa couche, enveloppée dans son manteau, les bras croisés, avec une expression de paix profonde répandue sur ses traits vénérables. Le lit est recouvert d'un drap ou linceul retombant en plis gracieux. Dans le bois du chevet on retrouve les panneaux de menuiserie du XV⁰ siècle. Autour du lit funèbre sont groupés onze apôtres, dans l'expression d'une douleur immense, mais dans des attitudes variées. Saint Pierre, revêtu d'une chape et portant un cierge, se tient tout près de la tête de son auguste maîtresse. A côté de lui, Saint Jean, avec une chevelure dorée, portant aussi un cierge et contemplant le visage de celle qui lui avait été léguée pour mère.

Derrière le chevet est un autre apôtre, les mains jointes, et à côté de lui Saint Jacques-le-Majeur, tenant d'une main un cierge et de l'autre un chapelet. Deux des apôtres s'essuient les yeux avec les pans de leurs manteaux ; deux autres lisent dans des livres de prières, et l'un de ces derniers est agenouillé sur un prie-dieu à côté de la couche funéraire. Deux petits anges, les mains jointes, vêtus de dalmatiques, planent dans les airs au-dessus de cette scène de deuil.

3⁰ Panneau : — Funérailles de la Sainte Vierge.

Deux apôtres, Saint Pierre et Saint Paul, portent respectueusement sur leurs épaules le brancard sur lequel repose le corps de la Vierge. Les dix autres, avec Saint Jean en tête, portant la branche du palmier du paradis, forment un cortége plein de douleur. Trois soldats, juifs, remplis de fureur, veulent s'opposer à la marche du convoi et portent une main sacrilège sur le brancard sacré ; leurs mains se détachent de leurs bras et restent attachés au bois qu'ils ont touché témérairement, et on les voit, tombés à la renverse, se lamenter et se tordre dans les convulsions de la souffrance. Cette légende, qui avait cours au Moyen-Age, est tirée des évangiles apocryphes et se trouve consignée dans la *Légende dorée* et aussi dans le mystère breton du *Trépas de Madame la Vierge Marie*, publié et traduit par M. DE LA VILLEMARQUÉ.

4⁰ Panneau : — Couronnement de Notre-Dame.

Le Père Eternel et son divin Fils sont assis sur un trône à dosseret gothique, orné de pinacles aigus et de découpures flamboyantes. Le Père Eternel a la tête couronnée, et le Fils a la poitrine nue pour faire voir la plaie de son côté sacré. Sur ses mains et ses pieds se voient les stigmates des clous du crucifiement. Devant eux est agenouillée la très Sainte Vierge, les mains jointes et la tête découverte ; ses amples vêtements s'étalent sur les marches du trône, et les deux divines personnes déposent sur sa tête une couronne au-dessus de laquelle plane le Saint-Esprit sous forme de colombe.

Au-dessus du trône sont deux anges portant la colonne de la flagellation et la croix de la Passion. De chaque côté, deux anges debout et deux autres assis jouent du hautbois, de la harpe, de la guitare et de l'orgue et célèbrent la gloire de celle qui est couronnée reine des anges et des saints.

Les deux autres scènes, ajoutées après coup, sont composées de manière à imiter autant que possible les tableaux primitifs ; mais malgré toute la bonne volonté qu'on y a mise, le style et la plus grande lourdeur des draperies trahissent une époque postérieure. Il est à croire qu'ils sont du même temps et de la même main que la statue de la Sainte-Vierge qui surmonte le retable et qui date à coup sûr de la première moitié du XVII° siècle, ainsi que le beau trône sur lequel elle est assise. Ces deux panneaux retracent l'*Adoration des Mages* et la *Présentation de l'Enfant-Jésus au temple*.

Les deux derniers panneaux sont encadrés par des arabesques de feuilles d'acanthe. Les quatre panneaux flamands, au contraire, sont entourés de colonnettes guillochées et de fines découpures gothiques moulurées et feuillagées. Le fond des panneaux est tapissé d'une fenestration flamboyante très déliée, avec imitation de vitraux à losanges et même de vitraux peints dans quelques-unes des baies.

Tout l'ensemble de cet ouvrage est peint et doré. On peut constater ici avec quel soin et quel talent ce travail de décor était fait dans les ateliers du Moyen-Age. Les figures des personnages sont coloriées en brun très foncé. Les draperies sont dorées en plein sur un apprêt spécial qui donne un bruni imitant le bronze doré, et sur ces surfaces brillantes se détachent des bordures en vermillon ou en azur rehaussées de lettres d'or, de feuillages, de tracés géométriques ; puis de fines gravures au burin, des niellés délicats, des rinceaux, des enroulements, des rosaces, des pointillés, des fleurettes d'une correction admirable.

L'ensemble de ces sculptures est tellement étrange, le caractère des scènes et de chacun des personnages est tellement saisissant que le merveilleux s'y est attaché et que l'on a voulu y voir le résultat d'une œuvre mystérieuse : les uns disent que c'est le travail d'un jeune garçon montagnard ; les autres, l'ouvrage d'un jeune marin travaillant en secret dans la cale de son navire, et amené au port de Quimper par ce navire abordant sans un seul des hommes de son équipage.

STANG-ALAR. — POINTE DE GRIFFONÈS. — Je dis *Stang-Alar*, étang de Saint Eloi, et non *Stangala*, comme on le dit à Quimper, par corruption. Les gens du pays donnent le nom de Stang-Alar, étang ou vallon de Saint Eloi, à toute la vallée qui descend depuis les environs de *Créac'h-Ergué* jusqu'aux parages de *Moulyouen ;* et cela parce que près de Créac'h-Ergué est une *fontaine* sous le vocable du Saint évèque de Noyon, qui attesterait, peut-être, l'existence autrefois d'une chapelle en son honneur.

Donc après les richesses artistiques de Kerdévot, voyons les beautés naturelles du pays.

Le *Stangala* n'est connu des Quimpérois que du côté de la rive droite, c'est-à-dire sur le terrain de Kerfeunteun. Déjà de ce côté c'est grandiose, saisissant, comme profondeur de vallée, pentes abruptes, nature sauvage, hauteurs désertes où l'on s'égare aisément. Mais pour avoir un coup d'œil incomparable, il faut aller sur la rive gauche, à la *pointe de Griffonès.* Je ne vous donne pas le chemin le plus court, mais je vous indique le plus pratique et le plus expéditif.

Revenez sur vos pas vers Quimper et, arrivé en haut de la descente du *Cluyou,* près de l'embranchement allant à *Ergué-Gabéric,* prenez la route opposée, à droite ; descendez une pente assez rapide allant vers le Nord, passez à *Kerellan,* puis à *Squividan,* et poussez jusqu'à une maison blanche à 100 mètres avant *Quélennec.* Là, finit la route carrossable. Prenez un assez mauvais chemin à gauche ou, pour plus de sûreté, demandez un guide ; vous avez encore à parcourir un kilomètre et demi ; vous passerez près de *Kernoas* et arriverez enfin à *Griffonès.*

Au Nord de la ferme ou du village est une sorte de placître, et à l'angle Nord-Ouest vous trouverez un petit chemin creux ; suivez-le et au bout de quelques instants vous serez à l'entrée d'un plateau sauvage, dominant au Nord un large vallon. Continuez à main gauche, allez jusqu'à l'extrémité de ce plateau qui s'avance en promontoire ; vous foulerez un sol formé d'une mousse épaisse, d'où émergent des blocs de granit, où végètent des buissons de houx arborescent. L'extrême pointe forme un massif rocheux, et là vous vous trouverez absolument saisi par le spectacle que vous aurez devant les yeux.

A votre gauche vous dominez à pic, à une hauteur de 100 mètres, la vallée étroite, encaissée, allant comme un sillon profond dans la direction de Quimper ; puis ce sont des horizons bleus, d'où émergent les pointes des deux flèches de la cathédrale. A votre droite, se retournant d'équerre, le vallon s'élargit, bordé par des pentes douces, des prairies et des champs cultivés. En face, une longue échine pierreuse, aiguë, acérée, s'enfonce en soc ou plutôt en coutre de charrue dans cet immense cirque que forme le coude de la rivière ; et au loin, au loin, les montagnes bleues de Locronan.

Et du fond du vallon, à droite et à gauche, monte un murmure, un chant très doux, toujours le même, petit carillonnement de clochettes d'argent ; c'est la musique de l'eau courant à travers les cailloux roulés et les blocs éboulés, symphonie étrange qui vous repose et vous berce, qui vous pénètre et vous enivre.

Il faut être là par un soir de printemps, lorsque toute cette nature est d'un vert d'émeraude et que le soleil couchant vient y mettre ses touches de lumière chaude avec de grandes ombres colorées ; ou bien par un beau jour d'automne ; seuls les buissons de houx ont gardé leur verdure. les arbrisseaux ont pris leurs tons de feuilles mortes, les fougères desséchées ont des teintes de bure et, sur cet immense manteau, ce sont des reflets d'or fauve et de pourpre.

Savourons longuement ce spectacle, asseyons-nous sur une pierre moussue ou abritons-nous dans un creux de rocher, écoutons, silencieux et recueillis. la voix des harpes hydrauliques qui chantent à nos pieds.

Revenons par un petit sentier à flanc de coteau, vers le Sud, dans la direction du *Moulin du Poul ;* il nous ramènera au grand chemin.

LES JUSTICES. — Comme il ne faut rien laisser perdre et qu'il est recommandé de recueillir les miettes, profitons d'un dernier relai qui se trouve sur notre parcours. Après avoir repassé à Squividan et à Kerellan, tout en haut de la côte, quinze

pas avant d'arriver sur la grand'route de Quimper, franchissons
la barrière qui est à notre droite, tout contre le mur d'enclos de
la ferme, et pénétrons sur ce monticule tout planté d'arbres.
Allons jusqu'au sommet du tertre, qu'on appelle *ar Justiçou*,
parce que là autrefois étaient dressés les poteaux de justice d'une
juridiction quelconque.

N'est-ce pas que vous ne vous attendiez pas à avoir devant vous
ce tableau si vaste ? A vos pieds le *moulin* de *Saint-Denis* avec
ses maisons moyenageuses, plus loin la *lande de Cuzon*, prairies
et pâtures au milieu desquelles se dessine la grande ellipse de
l'*Hippodrome*. Et pour encadrer ce cirque, les *hauteurs d'Ergué-
Armel*, les *coteaux* de l'*Asile Saint-Athanase* et de *Cuzon* ; au
fond, *Quimper* avec ses clochers et son *mont Frugy*, et par-delà
d'autres coteaux encore.

Et cette vue vous envoie irrésistiblement à l'esprit l'idée d'un
lac qui aurait rempli autrefois ce bassin. Et c'est en effet là une
réalité. Tout ce terrain sédimentaire et rempli de cailloux roulés,
c'est le lit d'un immense lac retenu par un barrage naturel au-delà
du *Lédanou*, couvrant tout ce *cirque de Cuzon*, tout l'emplace-
ment de la *ville de Quimper* et la grande *baie de Kérogan*, occu-
pant même l'espace où se trouvent actuellement les *collines de
l'Hospice* et de *l'Asile*, du *Pichéry* et du *Likès*, car ces soulève-
ments ne se sont faits que plus tard. C'était un lac magnifique,
mais il n'y avait alors ni cyclistes, ni automobilistes, ni aucune
créature humaine pour en admirer les beautés. C'est alors aussi,
à cette époque lointaine, que se formaient, à des centaines de
mètres de profondeur, les gisements de houille que recèle notre
sol.

Mais je m'aperçois que nous faisons de la géologie.

C'était un beau lac !

Rentrons à Quimper ; notre voyage circulaire est terminé.

24 Juin 1910.

CANOTS AUTOMOBILES BRETONS

SERVICE JOURNALIER
de la Rivière " L'ODET "
de QUIMPER à BÉNODET

Par le Bateau Automobile " **TERFEL** "

Longueur 18ᵐ, largeur 3ᵐ50, puissance 35 I.H.P.

AUTORISÉ A TRANSPORTER 90 PASSAGERS

(Arrêté de M. le Préfet Maritime, en date du 19 Juillet 1907)

Consulter l'horaire du mois, qui se trouve dans tous les
Hôtels et Etablissements publics

Pour les Locations à la journée, les Excursions,
les Abonnements de Saison et pour tous renseignements
s'adresser :

Directeur de la Société des Canots Automobiles Bretons

35, Rue Bourg-les-Bourgs, QUIMPER

Adresse télégraphique :   *Téléphone :*

CANOTS-AUTOMOBILES-QUIMPER   **Nº 9 — QUIMPER**

ENGLISH-SPOKEN

Table des Gravures

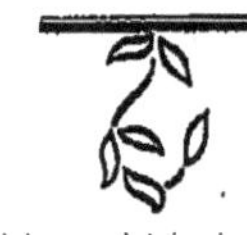

Table des Matières

IMPRIMÉ PAR
A. LEPRINCE,
QUIMPER —